Gouvernement Général de l'Afrique Occidentale Française

La COTE d'IVOIRE

en 1920

Baleinière de débarquement.

Publié par le Gouvernement de la Côte d'Ivoire.

EN DÉPOT

AGENCE ÉCONOMIQUE DU GOUVERNEMENT GÉNÉRAL
DE L'AFRIQUE OCCIDENTALE FRANÇAISE

27, Boulevard des Italiens, Paris, (2')

Téléphone } 04-39
Central } 57-38

PARIS

ÉMILE LAROSE, LIBRAIRE-ÉDITEUR

11, rue Victor-Cousin, 11

—

1920

La COTE d'IVOIRE

en 1920

L'Agence Economique du Gouvernement Général de l'Afrique Occidentale Française, 27 Boulevard des Italiens à Paris (2°), Téléphone : Central $\left\{ \begin{array}{l} 04\text{-}39 \\ 57\text{-}38 \end{array} \right.$, fournit gratuitement tous renseignements sur le Commerce, l'Industrie, l'Agriculture, l'Elevage, la Pêche, les Mines, la Colonisation, le Tourisme et d'une manière générale tout ce qui concerne l'Importation et l'Exportation des matières premières et des articles manufacturés.

Cliché Joseph.

Fig. 1. — Hôtel du Gouvernement à Bingerville.

Cliché Joseph.

Fig. 2. — Une rue à Bingerville.

Gouvernement Général de l'Afrique Occidentale Française

La COTE d'IVOIRE

en 1920

Publié par le Gouvernement de la Côte d'Ivoire.

EN DÉPOT

AGENCE ÉCONOMIQUE DU GOUVERNEMENT GÉNÉRAL
DE L'AFRIQUE OCCIDENTALE FRANÇAISE

27, Boulevard des Italiens, Paris, (2ᵉ)

Téléphone { 04-39
Central { 57-38

PARIS
ÉMILE LAROSE, LIBRAIRE-ÉDITEUR
11, rue Victor-Cousin, 11

—

1920

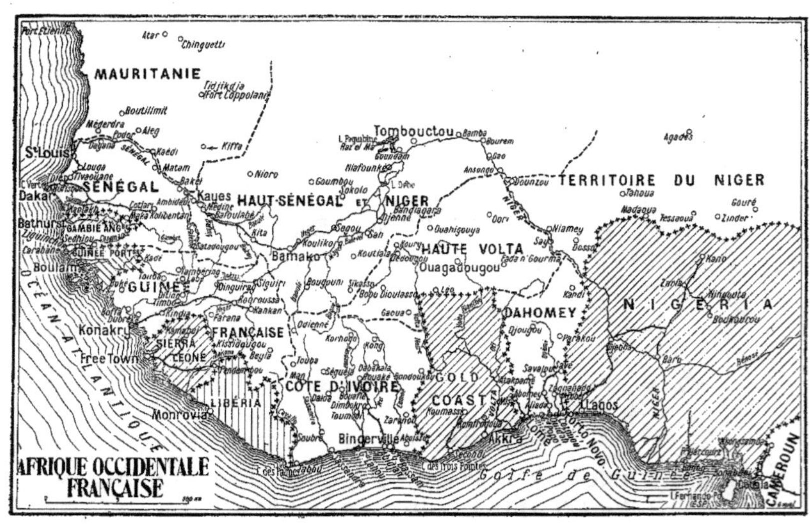

AFRIQUE OCCIDENTALE FRANÇAISE
MAURITANIE
Port Etienne
Atar
Chinguetti
Tidjikdja
Fort Coppolani
Boutilimit
Mégerdra
Aleg
Podor
St Louis
Dagana
Sénégal
Koëdi
Kiffa
Louga
Matam
Nioro
Tivaouane
SÉNÉGAL
Dakar
Kayes
Médine
HAUT SÉNÉGAL
ET
NIGER
Bakel
Tambacounda
Kolibantan
Kita
Bathurst
GAMBIE ANG.
Sédhiou
Baroulabé
Djenné
Ségou
San
Koulikoro
Sokolo
Goumbou
L. Débo
Carabane
GUINÉE PORT.
Kadi
Kita
Bamako
Koutiala
Sikasso
Bafoulabé
Boulam
Boké
Tombéring
Dinguiraye
Siguiri
Bougouni
Bobo Dioulasso
OCÉAN ATLANTIQUE
GUINÉE
Timbo
Kindia
Beyla
Faranah
Kouroussa
Kankan
Odienné
Kong
Konakry
Kayambol
FRANÇAISE
Kissidougou
SIERRA
LEONE
Beyla
Séguéla
Korhogo
Free Town
Macenta
Touba
CÔTE D'IVOIRE
Man
Dabou
Bouaké
Grand Bassam
LIBERIA
Daloa
Bingerville
Abidjan
Monrovia
Dimbokro
Toumodi
Tiassalé
Sassandra
Tabou
Soubré
C. des Palmes
C. des Trois Pointes
Tombouctou
L. Faguibine
Ras el Ma
Goundam
Niafounké
Bamba
Bourem
Gao
Ansongo
NIGER
Sansanding
Mourdiah
Ouahigouya
HAUTE VOLTA
Ouagadougou
Fada n'Gourma
Gaoua
LÉO
Pô
Bouna
GOLD
COAST
Kumassi
Koumassi
Akkra
Golfe de Guinée
TERRITOIRE DU NIGER
Agadès
Tahoua
Madaoua
Tessaoua
Gouré
Zinder
Niamey
Say
Dosso
Bossa
Kano
Zaria
NIGERIA
Kandi
DAHOMEY
Djougou
Parakou
Savalou
Abomey
Porto Novo
Lagos
Bida
Bidjoro
Baro
Benoué
NIGER
Volta Noire
CAMEROUN
Douala
I. Fernando Po
100 km

Cliché Joseph.

Fig. 3. — La plage de Grand-Bassam.

Cliché Joseph.

Fig. 4. — La Barre à Grand-Bassam.

INTRODUCTION

L'Afrique Occidentale Française qui a fourni à la métropole environ 400.000 tonnes de produits pour le ravitaillement pendant la campagne 1917-1918, valant près d'un milliard de francs, est un immense et riche marché de matières premières indispensables à notre industrie nationale.

3.000 kilomètres de voies ferrées en exploitation, 22.000 kilomètres de lignes télégraphiques, des stations de télégraphie sans fil, des ports, des wharfs, des fleuves balisés, des milliers de kilomètres de routes forestières praticables aux automobiles, tel est le bilan de l'équipement actuel de l'Afrique Occidentale Française, équipement cependant insuffisant désormais pour répondre aux besoins nouveaux.

M. le Gouverneur général Merlin a donc arrêté un nouveau programme d'outillage économique au premier plan duquel figurent de grands travaux d'hydraulique agricole, des chemins de fer, des ports et parallèlement le développement des œuvres d'intérêt social, assistance médicale, enseignement, etc., qui avec la réorganisation des services agricoles, zootechniques et forestiers permettront une intensification insoupçonnée de la production et assureront la prospérité définitive d'une des plus belles colonies françaises.

L'Afrique Occidentale Française qui ne reçoit aucune subvention de la métropole présente d'ailleurs toute garantie au même titre que l'Algérie et l'Indochine grâce à la diversité de ses ressources.

La Côte d'Ivoire à elle seule offre ses bois classés et similaires aux bois européens, ses riches palmeraies, ses cacaoyères et ses cotonniers.

M. le Gouverneur Antonetti y poursuit l'exécution d'un réseau de routes qui permettent de circuler aisément dans un pays inaccessible il y a peu d'années.

L'activité des Français doit se porter vers ces régions et pour favoriser une telle tendance il importe de faire mieux connaître celles-ci.

C'est le but de cette brochure consacrée à la Côte d'Ivoire.

Cliché Minet.

FIG. 5. — Aspect de la grande forêt.

Cliché Joseph.

FIG. 6. — Chantier d'exploitation de bois d'acajou.

LA COTE D'IVOIRE

Aperçu sur le climat, les productions, le commerce.

GÉOGRAPHIE

La Côte d'Ivoire, rattachée au groupe des Colonies qui forment le Gouvernement général de l'Afrique Occidentale Française, est constituée par un vaste territoire compris entre les 5ᵉ et 10ᵉ degrés de latitude Nord et 5ᵉ et 11ᵉ degrés de longitude Ouest (méridien de Paris). Elle affecte la forme d'un quadrilatère presque régulier, dont la superficie est de plus de 300.000 kilomètres carrés.

Située entre le Libéria et la Gold-Coast (Golfe de Guinée), son littoral s'étend sur une longueur de 550 kilomètres. La côte est généralement plate, sablonneuse, bordée des lagunes (partie Est) qui ne sont séparées de la mer que par de minces bandes de sable.

La zone voisine de la mer, la plus accidentée, est partout recouverte par la grande forêt ; la profondeur de celle-ci varie de 250 à 300 kilomètres. La zone Nord est couverte encore de végétation mais relativement peu dense.

OUTILLAGE MÉCANIQUE

Malgré son développement de côtes, la Colonie n'a pas de port naturel. En outre la « barre » qui est forte sur tout le littoral, balaye sans cesse le rivage et augmente les difficultés de débarquement et d'embarquement.

Grand-Bassam possède un wharf, ou appontement métallique construit depuis 1900-1901, muni de grues à vapeur et qui évite le passage de la barre aux baleinières faisant la navette entre l'extrémité et les navires mouillés dans la rade foraine, à des distances variant de 500 à 1.500 mètres du rivage. Quelque imparfait que soit ce moyen

d'accès, il a rendu jusqu'à présent d'immenses services et en rend encore malgré son état de vétusté. Par suite du développement pris par le trafic du port de Bassam, il est toutefois devenu très insuffisant. La construction d'un wharf neuf a été décidée en 1919. Les travaux seront commencés incessamment. Un troisième wharf sera certainement nécessaire avant peu.

Plusieurs projets de ports intérieurs ont, d'autre part, été étudiés, qui permettraient l'accès de la lagune Ebrié (en arrière de Bassam) aux vapeurs maritimes. Il faudra 12 à 15 ans pour exécuter les travaux.

Les autres points importants de la Côte, Assinie, Grand-Lahou, Sassandra et Tabou ne disposent d'aucun outillage d'exploitation. Le passage de la barre se fait par baleinières : il n'est pas toujours possible; il est souvent dangereux.

Les fleuves qui coulent du Nord au Sud, sont coupés de seuils rocheux et de rapides. Par contre, parallèlement à la mer, s'étendent des lagunes d'immense étendue qui permettent l'exploitation facile d'une zone considérable en arrière de Bassam, de Lahou et d'Assinie. Ces lagunes sont navigables à des bateaux de 1 m. 50 à 2 mètres de tirant d'eau. Des travaux de jonction ont été entrepris qui, dès maintenant, font communiquer Lahou à la lagune Ebrié par un canal de 30 kilomètres de longueur.

Un chemin de fer a, d'autre part, été construit qui relie Abidjan (future capitale de la Colonie, sur la lagune Ebrié, à 45 kilomètres de Bassam), à Bouaké (315 kilomètres) et qui doit se prolonger vers le Nord, jusque dans la région des Hautes-Volta vers Sikasso.

Un embranchement partant de Dimbokro se dirigera sur Beyla par Bouaflé, Daloa et Man.

Un réseau de routes accédant à ce chemin de fer où peuvent circuler des voitures et camions automobiles, complète l'outillage économique actuel de la Colonie. Ce réseau est en voie de perfectionnement. Des travaux importants sont projetés qui permettront d'ici peu d'années, une exploitation beaucoup plus intensive du pays.

CLIMAT

Bien que située dans la zone torride, la Côte d'Ivoire jouit d'un climat plutôt tempéré. La température n'y est jamais très élevée. Par contre, il y a peu de différence d'une saison à l'autre et il règne une grande humidité. Il y a quatre saisons bien déterminées : la grande saison sèche, de décembre à mars, la grande saison des pluies, d'avril à juillet, la petite saison sèche, d'août à septembre, et la petite saison

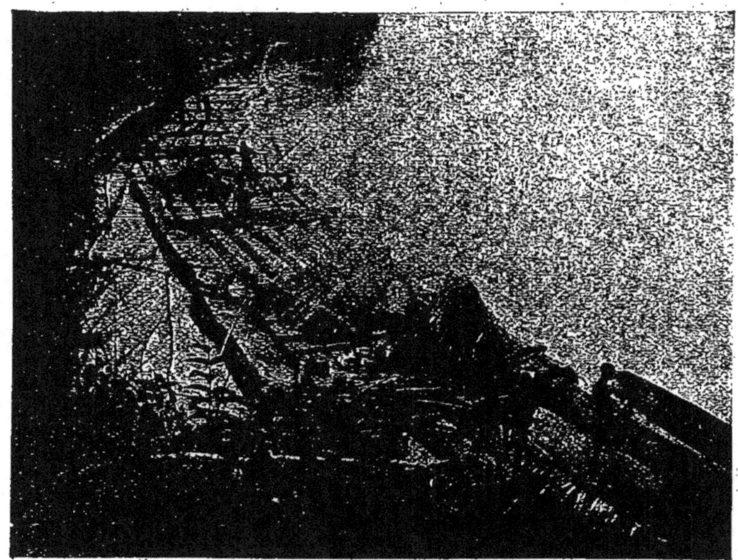

Cliché C. F. A. F.

Fig. 7. — Arrivée d'un radeau de bois.

Cliché Joseph.

Fig. 8. — Peuplements de palmiers à huile.

Cliché Y. Henry.

Fig. 9. — Palmiers non aménagés pour la fructification en Côte d'Ivoire.

Cliché Y. Henry.

Fig. 10. — Palmier aménagé. Régimes mâle et femelle en Côte d'Ivoire.

des pluies, d'octobre à novembre. La région qui se trouve au Nord de la forêt jouit d'un climet plus agréable que la région forestière et se rapproche du climat des zones soudanaises.

Dans son ensemble, la Colonie est salubre, et le climat n'est vraiment pénible à supporter pour l'Européen, que dans certains points du littoral ou de la forêt. Il convient néanmoins de prendre des précautions hygiéniques pour vivre convenablement.

PRODUCTIONS

La Côte d'Ivoire comprend deux zones très distinctes : la zone forestière qui couvre près des deux tiers de son territoire et la zone des savanes (partie Nord). Tandis que celle-ci produit des grains, des textiles, du bétail, la première produit des corps gras, huile et amandes de palme, caoutchouc, colas, cacao. Elle contient une richesse latente considérable dans la forêt proprement dite, dont l'exploitation n'est encore qu'à peine ébauchée. Plus de quarante essences, dont l'acajou, ont été reconnues utilisables pour l'industrie ; plusieurs centaines d'autres sont à inventorier.

La zone forestière convient, d'autre part, particulièrement à la culture du cacao : de très nombreuses plantations ont été entreprises ces dernières années et cette culture paraît être appelée dans la Colonie, à un grand avenir (on obtient jusqu'à 2 t. 500 de cacao en fèves à l'hectare) — le café vient également très bien ; le cocotier donne des espérances — des peuplements importants existent déjà dans la zone côtière.

Cette même zone contient, tantôt espacés, tantôt en groupes plus ou moins compacts, des dizaines de millions de palmiers à huile, dont un quart à peine sont exploités actuellement par les autochtones. Ces palmiers ne sont l'objet d'aucun soin ; étouffés par la forêt, ils ne produisent que très peu de fruits et atteignent de très grandes hauteurs. Débroussés et éclaircis là où ils sont trop nombreux, le tronc devient plus fort, l'arbre s'épanouit au lieu de monter en flèche à la recherche de la lumière, et produit trois ou quatre fois plus de fruits.

La culture du palmier par l'aménagement des palmeraies existantes et par des plantations nouvelles (partout, il vient admirablement), offre donc à la Côte d'Ivoire d'immenses perspectives. Mais à condition que l'industrie européenne s'intéresse à cette question, les populations de la Côte d'Ivoire étant beaucoup trop faibles pour exploiter ces richesses avec les moyens rudimentaires dont elles disposent. Elles n'ont tiré jusqu'à présent que quelques milliers de tonnes d'huile et de palmistes par an de palmeraies qui pourraient en fournir 150.000 ou 200.000 tonnes.

Il en est de même de la culture du cacaoyer et du caféier (Voir page 12 le chiffre des produits exportés de 1910 à 1919).

CONCESSIONS

L'Administration locale qui a souci de la mise en valeur rapide du pays donne de grandes facilités à l'industrie forestière ainsi qu'à l'industrie agricole (1). A côté de chantiers forestiers d'une superficie de 2.500 hectares, accordés pour une année et renouvelables, le Gouvernement vient d'envisager pour les grosses exploitations la concession pour 5, 10 ou 30 ans, de superficies plus considérables, allant jusqu'à 60.000 hectares. La guerre ayant provoqué une hausse importante du prix des bois, l'exploitation forestière se développe avec une très grande rapidité à la Côte d'Ivoire et paraît appelée à une grande extension (On escompte que d'ici trois ou quatre ans il sortira annuellement de la Colonie de 100 à 200.000 mètres cubes de bois).

On compte déjà plusieurs centaines de petites plantations de cacaoyers et de caféiers (2) appartenant aux indigènes et quelques grandes concessions appartenant à des européens (Beynis, Legourd, Compagnie de Kong, King, Tessières, Necker, etc.) et ayant une étendue de 100 à 500 hectares. D'autres sont en voie de création.

Enfin l'Administration locale concède des peuplements de palmiers de grande étendue partout où elle peut le faire sans gêner les indigènes. Il y a là pour les exploitants un premier élément de richesse immédiatement utilisable et qu'ils pourront commencer à exploiter l'année qui suivra le défrichement du terrain alors qu'il leur faudrait attendre six à huit ans pour cueillir les premiers régimes des palmiers plantés par eux. Ces terrains conviennent également pour des plantations intercalaires de cacaoyers et de caféiers.

Cette question d'exploitation des palmeraies semble intéresser le

(1) Il sera envoyé les renseignements les plus complets à toute personne adressant une demande au Gouverneur de la Côte d'Ivoire à Bingerville ou au Directeur de l'Agence Economique du Gouvernement Général de l'Afrique Occidentale Française, 27, boulevard des Italiens, Paris (2e), Téléphone central, 04-39, 57-38.

(2) Les terrains pour les plantations de cacaoyers sont accordés à titre provisoire. Dès que le concessionnaire les a mis en valeur et l'a fait constater par une Commission prévue par la réglementation, il obtient à titre définitif la concession d'une superficie de terrain double de celle plantée par lui.

Cliché Joseph.

Fig. 11. — Femmes Lobis, district de Bouna.

Cliché Joseph.

Fig. 12. — Type de Case. Coulango.

public, plusieurs demandes portant sur des étendues de 600 à 1.000 hectares ont déjà été déposées.

De nouvelles usines vont sans doute être installées à bref délai pour le traitement mécanique des graines et très probablement aussi pour le traitement de l'huile même, en vue de la préparation de graisses alimentaires.

Les besoins de plus en plus grands en matières grasses, les débouchés illimités qui s'offrent à ces produits, laissent envisager pour ces industries de belles perspectives.

COMMERCE

Le commerce général de la Colonie qui était de 35 millions en 1912 et 1913, n'a été que de 29 millions en 1918. Il a atteint 52 millions en 1919 et on estime qu'il atteindra près du double en 1920 (1) malgré l'insuffisance encore très marquée du nombre des bateaux qui fréquentent la Côte.

Nous donnons ci-dessous les tableaux de l'exportation, pendant les dix dernières années des principaux produits fournis par la Colonie.

Relevé des principaux produits exportés pendant l'année 1919.

Pelleteries brutes { de bœufs		67.458 kg.
{ de moutons		16.378 —
Défenses d'éléphant		2.961 —
Graines de ricin		341.585 —
Amandes de palmistes		16.115.196 —
Café		110.128 —
Cacao (en fèves)		959.487 —
Piments et poivre de Guinée		44.862 —
Huile de palme		12.593.973 —
Glu		53.620 —
Coprah		41.184 —
Beurre de karité		10.873 —
Caoutchouc brut		76.310 —
Noix de kola		17.954 —
Bois d'ébénisterie : Acajou		34.345 mc. 847
Bois autres durs		964 — 827
Coton		336.263 kg.
Kapock		77.208 —
Raphia		10.200 —
Nattes indigènes (pièce)		4.918 —

(1) 20 millions pour le premier trimestre.

ANNÉES	CACAO	CAFÉ	COPRAH	CAOUTCHOUC	KOLAS	GLU	KAPOCK	COTON	ACAJOU	HUILE	PALMISTES
	tonnes	tonnes	tonnes	tonnes	tonnes	tonnes	tonnes	tonnes	tonnes	tonnes	tonnes
1910	7	34	20	1.401	»	»	»	»	13.783	5.055	5.425
1911	15	21	21	1.343	102	»	»	»	23.820	6.625	5.250
1912	20	28	21	1.376	9	»	»	»	30.490	6.775	6.800
1913	44	10	2	962	18	»	2	18	42.650	6.015	5.950
1914	35	14	24	135	484	»	5	73	41.050	4.310	5.650
1915	113	10	7	218	34	»	37	94	3.260	4.965	6.115
1916	186	40	32	337	83	77	42	357	8.200	6.950	7.955
1917	319	35	50	316	565	326	10	148	13.200	6.260	6.130
1918	420	31	18	272	377	150	»	434	29.122	8.094	10.568
1919	959	110	47	73 (1)	117	53	77	336	34.345	12.593	16.115

(1) Le caoutchouc sylvestre ne trouvant plus preneur par suite de la concurrence que lui fait le caoutchouc de plantation on *a dû ralentir l'exploitation* de la forêt.

Cliché Joseph.

Fig. 13. — Vue de Bondoukou.

Cliché Joseph.

Fig. 14. — Le poste de Bouna.

La majeure partie des importations d'articles manufacturés provient de l'Angleterre, ou de l'Amérique surtout en ce qui concerne les tissus, tabacs, métaux, matériaux de construction et outillage de toute sorte. Notre industrie nationale, si éprouvée par la guerre, n'est pas suffisamment représentée. Elle n'accepte pas les commandes ou ne les accepte qu'avec des délais de livraison extrêmement longs.

La hausse du change sur l'Amérique va lui donner le moyen de reconquérir le marché de la Côte d'Ivoire qui prend chaque jour plus d'importance.

TOURISME. CHASSE

La Côte d'Ivoire n'offre encore à ses visiteurs que des abris rustiques ; sauf dans les villes principales, le « confort moderne » y est inconnu. Et pourtant on s'en accommode fort bien, étant donné la douceur du climat, et l'absence de fortes transitions, les écarts de température, étant peu sensibles. Un toit, pour être abrité contre le soleil ou contre la pluie, dont certaines, en mai-juin, sont vraiment diluviennes, c'est tout ce qu'on demande. Partout, le voyageur trouve des campements qui remplissent ces conditions, il en est même qui sont relativement confortables, deux ou trois pièces entourées d'une vérandah. Dans tous les postes, dans les centres commerciaux, on peut espérer une maison en maçonnerie. Toutefois, la crise des logements se fait sentir à la Colonie tout comme en France et, à Bassam notamment, il est devenu assez difficile de se loger. De plus, cette dernière localité, qui est le point de débarquement le plus fréquenté, n'a momentanément aucun hôtel. Force est au voyageur d'aller demander l'hospitalité aux habitants qui se font, du reste, un plaisir de le recevoir. Dès le lendemain, par les vapeurs réguliers, ou dès le même jour, par automobile de louage, il peut gagner Abidjan où se trouve un hôtel assez bien tenu.

Il est indispensable que le touriste se munisse, en dehors d'un matériel de campement, lit-pliant, avec moustiquaire, chaise, table, etc., etc., d'un matériel de cuisine et de table (de préférence en aluminium). Il trouvera un cuisinier et un boy à Bassam, les maisons de commerce locales lui fourniront les conserves, les condiments, le vin, la farine, etc...

Dans la majeure partie de la Colonie, les déplacements se font en automobile, ou à défaut en hamac ; la motocyclette rend de grands services, toutefois, pour le touriste, ce n'est pas un moyen pratique de transport, les bagages ne pouvant suivre que lentement. Une simple bicyclette lui rendra le même office.

Les routes sont excellentes pendant cinq mois de l'année (de novembre à avril) ; certaines peuvent être utilisées toute l'année. Toutes les pistes peuvent être suivies à bicyclette en saison sèche.

La Côte d'Ivoire est merveilleusement riche en gros gibiers : éléphants, buffles, hippopotames, grandes et petites antilopes, sont rencontrés dans toute la Colonie, le phacochère, vingt variétés au moins de singes, dont le chimpanzé, et d'autres à jolis fourrures, la panthère, le léopard, différents carnassiers, dont le grand chat sauvage, le chat-tigre, le lynx, la civette et la genette, le grand et le petit pangolin, le daman (ahua), etc,, etc... Le perdreau, la pintade grise abondent dans les savanes, la pintade bleue (à aigrettes) dans la forêt ; parmi les oiseaux, il faut citer aussi les touraccos, le foliotocole, les hérons, etc...

La chasse est libre toute l'année ; pour l'éléphant, toutefois, il faut une autorisation spéciale.

Les armes doivent être déclarées à l'arrivée à la Colonie. Des permis sont accordés pour les détenir. La vente sans autorisation est interdite.

Cliché Joseph.

Fig. 15. — Pirogues en lagunes.

Cliché Joseph.

Fig. 16. — Vapeur sur la lagune Ebrié.

LISTE DES PRINCIPALES MAISONS DE COMMERCE, INDUSTRIES, BANQUES, PLANTATIONS INSTALLEES A LA COTE D'IVOIRE

1º MAISONS DE COMMERCE

Nom du Commerçant ou de la Société. Raison sociale	Siège Social	Comptoir principal dans la Colonie	Genre d'affaires
Amblard		Béréby	Tous produits à l'importation et à l'exportation
Bordes.		Tabou	—
Compagnie Française de la Côte d'Ivoire. . . .	8, Cité Paradis, Paris	Bassam	—
Cohen Frères	Conakry	Bassam	—
Compagnie Africaine Française.	41, rue Gaudot-de Mauroy, Paris	Lahou	—
Compagnie Bordelaise des Comptoirs Africains . .	Bordeaux	Abidjan	—
Compagnie Commerciale de la Côte d'Afrique . .	8, Cours do Gourgues, Bordeaux	Abidjan	—
Compagnie Française de l'Afrique Occidentale. .	32, Cours Pierre Puget, Marseille	Abidjan	—
Compagnie Française de Kong	76, rue St-Lazare, Paris	Bassam	—
Compagnie Générale de l'Afrique Française . .	4, Esprit-des-Lois, Bordeaux	Bassam	—
Comptoir Général Français de l'Afrique Occidentale.		Bouaké	—
Compagnie Industrielle et Commerciale de la Côte d'Afrique		Bassam	—
Devès, Chaumet et Cie. .	11, rue Vauban Bordeaux	Bouaké	—
Etablissements Salagna et Cie	30, rue Théodore-Ducos, Bordeaux	Grand-Lahou	—
Richard et William King .	Redcliffe Parade Bristol	Bassam	—
Pozzo di Borgo.	20, rue Colbert Marseille	Bassam	—
Société Commerciale de l'Ouest Africain. . . .	69, rue de Miromesnil, Paris	Bassam	—
Tessières et Garde . . .		Bassam	—
W. D. Woodin and Co Limited.	17, Brunswick-street, Liverpool	Bassam	—

2o EXPLOITANTS FORESTIERS ET EXPORTATEURS DE BOIS

Etablissements d'Hubert, à Abidjan.
Plagelat-et-Charrière, à Abidjan,
Compagnie forestière de l'Afrique Fran-
çaise, Bassam.
Scieries Africaines, à Bassam.

> Acajou
> et toutes autres essences.

Hamilton and Co Ltd. Bassam.
Lambert et Caumont, Bassam.
Marguet, Bassam.
Emmanuel Oddos, Bassam.
Picard et Wessel, Abidjan.
Société Bordelaise Forestière, Bassam.
Société Alsacienne de la Côte d'Ivoire,
Abidjan.
Société Occidentale Africaine, Bassam.
Société d'Importation des Bois Exotiques,
Bassam.
Société Industrielle des bois, à Sassandra.
Vialle Frères, Lahou.
Woodin and Co, Bassam.

> Acajou.

3o PLANTATIONS PRINCIPALES DE CACAO, CAFÉ, COCOTIERS

Beymis, à Assinie.
Blachon, à Bingerville.
Bordes, à Tabou.
Compagnie de Kong, à Bassam.
Clément, à Bassam.
King, à Tiassalé.
Legourd, à Assinie.
Necker, à M'Bato.

BANQUES

Banque de l'Afrique Occidentale, à Bassam. Toutes opérations bancaires.
Banque de l'Afrique Equatoriale. Toutes opérations bancaires.

TRANSITAIRES-COMMISSIONNAIRES

Raoul Chauveau, à Bassam.

LAVAL. — IMPRIMERIE L. BARNÉOUD ET Cie.